THÈSE

DE

LICENCE.

ACTE PUBLIC

POUR

LA LICENCE

En exécution de l'Article 4, Titre 2, de la Loi du 22 Ventôse an XII.

SOUTENU

Par M. BOULADE (Emile-Casimir-Alexandre),

Né à Brassac (Tarn).

TOULOUSE ,

Typographie Troyes OUVRIERS REUNIS ,
Rue Saint-Pantaléon , 3.

1859.

A MON PÈRE, A MA MÈRE.

A mon Oncle et à ma Tante **BOULADE.**

A ma sœur et ma Tante **FANNY.**

A TOUS MES PARENTS ET AMIS,

Amour , Dévouement , Reconnaissance.

Jus Romanum.

Inst. Just. Lib. IV, Tit. VI, §§ 16-13. — Tit. XIII, § 1.
— Dig. Lib. XLIV, Tit. VII. — Lex 26, 32, 60, 41,
§ 1.

Inter summas actionum divisiones, primo gradu, apparent quæ rei persequendæ causa comparatæ sunt, aliæ pœnæ tantum, aliæ tam rei quam pœnæ quæ ideò mixtæ dicuntur.

Actiones rei persecutoriæ sunt illæ quibus persequimur quod ex patrimonio nobis abest. Ex patrimonio abesse dicitur : 1o quod est patrimonio sed ab alio tenetur. Ergo actiones omnes in rem sunt rei persecutoriæ; 2o quod nobis ex contractu vel quasi contractu debetur. Ergo omnes actiones quæ ex his descendunt, *ferè* omnes sunt rei persecutoriæ. Diximus *ferè*, quia actio depositi miserabilis quæ venit ex contractu, et actio legati pii, quæ venit ex quasi contractu, dantur in duplum adversus inficiantes.

Actio depositi miserabilis datur in duplum, si modo cum ipso apud quem depositum sit, aut cum herede ejus, ex dolo ipsius, agetur. Omnes enim pœnales actiones post litem incohatam, ad heredes transeunt. Attamen heredes pœna non tenentur, si vivus conventus fuerat, etiam pœnæ persecutionem transmissam videri, quasi lite contestata cum mortuo.

Actiones pœnæ persecutoriæ sunt illæ quibus persequimur pœnam legibus constitutam.

Actiones tam rei quam pœnæ persecutoriæ seu mixtæ sunt illæ quibus partim pœnam partim quod nostra interest persequimur.

Exceptio, ut dixit Ulpianus, dicta est quasi quædam exclusio, quæ (inter) opponi actioni cujusque rei solet, ad excludendnm id quod in intentionem condemnationemve deductum est. Secerni exceptio a defensione propriâ debet, quamvis hæc duo adhibeantur a reo ad depellendum jus actoris; nam dum defensione negat reus jus esse actori, contra exceptione jus illud fatetur aut negligit, sed detorto ad actorem depellendum modo utitur.

Exceptionis agitur ex definitione eas comparatas fuisse defendendorum eorum eum quibus agitur, concludere possumus. Etenim sæpè acciderat ut quis jure civili teneretur, sed iniquum esset cum judicio condemnari, quia quod a reo actor petebat stricto juri non contrarium, sed æquitati : velut si quis stipulatus fuerit a te pecuniam tanquam credendi causa numeraturus, nec numeraverit, non est a te eam pecuniam peti posse dubium, dare enim te oportet, eum ex stipulatu teneâris, sed iniquum esset te eo nomine condemnari, et placuit per exceptionem *doli mali*, te defendi debere.

Suam exceptio originem a juridictione prætoris ducit. A prætore propositas exceptiones jus civile confirmavit, atque mox alias creaverunt prætorem instar et senatus consulta et constitutiones imperatorum, et leges, et cæ quæ legis vicem obtinent.

Reus non erat coactus ad exceptionem adhibendam ut adversus actorem justiciam obtineret, nam in bonæ fidei judiciis quamvis fuisset sine
exceptione formula, *ex æquo et bono* judicare, officium judicis erat.

Omnes exceptiones, dixit Gaïus §119), in contrarium concipiuntur,
quam affirmat is cum quo agitur: nam si, verbi gratia, reus dolo malo ali-
quid actorem facere dicat, qui fortè pecuniam petit quam non numeraverit, sic exceptio concipitu r: *Si in ea re nihil dolo malo Auli Agerii factum sit, neque fiat.* Item si dicatur contra pactionem pecunia peti, ita
concipitur exceptio : *Si inter Aulum Agerium et Numerium Negidium non
convenit ne pecunia peteretur.* Et denique in cæteris causis similiter con-
cipi solet : ideos scilicet, quia omnis exceptio objicitur quidem a reo, sed
ita formulæ inseritur ut conditionalem faciat condemnationem, id est,
ne aliter judex eum cum quo agitur condemnet, quam si nihil in ea re
qua de agitur, dolo actoris factum sit ; item ne aliter judex eum condemnet, quam si nullum pactum conventum de non petenda pecunia factum
erit.

Item a prætore composita formula adque ad judicem missa, ille reum
est condemnaturus tùm quùm probat actor quod in intentionem secun-
dum jussum illius prætor posuit; etenim non dubium est illi incumbere
onus probandi res quibus innititur, si id non probet, reo aliâ defensione
non opus est, atque non condemnabitur. Sed si probet actor quod in
intentione positum fuerit, tum expendenda est exceptio, reusque con-
demnandus est tantum quam si facta quibus incidet exceptio non com-
probet, nam, ut dixit Ulpianus : « *Reus in exceptione actor est.* »

POSITIONES.

Quomodo exceptio a defensione propria distinguitur ?

Quomodo exceptiones formula inserebantur ?

Omnes quæ ex contractu vel ex quasi contractu actiones nascuntur rei persecutoriæ an sunt ?

Code Napoléon.

Livre. III. Titre. X.

Le prêt est un contrat synallagmatique, par lequel l'une des parties ›vre une ou plusieurs choses à l'autre partie, qui les reçoit, soit pour ›en servir et les rendre après l'usage fini, soit pour en disposer comme ‹le l'entendra, pour les consommer, mais à la charge de rendre, à ›époque convenue, des choses semblables à celles qu'elle a reçues.

Nous disons que le prêt est un contract synallagmatique ; le prêteur, ›n effet, contracte l'obligation de livrer la chose convenue et d'en faire ›uir l'emprunteur, ce dernier à son tour est tenu de rendre la chose ›rêtée à l'époque fixée. Nous examinerons successivement quelles sont ›s obligations réciproques de l'un et de l'autre.

D'après notre définition et aux termes de l'art. 1874 du C. N., il y a ›eux sortes de prêts : lorsque l'emprunteur contracte l'obligation de ›endre la chose même qui lui a été prêtée, le prêt prend le nom de ›ommodat ou prêt à usage ; s'il contracte l'obligation de rendre non la chose même qui lui a été prêtée, mais une chose pareille qui en tient lieu, le prêt est alors appelé prêt de consommation.

Étudions maintenant ces deux sortes de prêt.

CHAPITRE PREMIER.

Prêt à usage. — Sa nature.

Le prêt à usage ou commodat est un contrat par lequel l'une des parties livre une chose à l'autre pour s'en servir, à la charge par le preneur de la rendre après s'en être servi (art. 1875 C. N.).

Le prêteur reste propriétaire de la chose prêtée (1877), l'emprunteur est débiteur de cette chose, par conséquent débiteur d'un corps certain; il est donc libéré de son obligation, si la chose prêtée vient à périr par cas fortuit, tous les risques restent à la charge du prêteur.

Dans l'art. 1876 nous voyons que ce prêt est essentiellement gratuit, d'où il résulte que nous devons le mettre au nombre des contrats de bienfaisance; autrement, s'il y avait un prix quelconque, stipulé en argent, ce serait un louage proprement dit ; un prix stipulé en toute autre chose, en ferait un contrat innommé.

Quatre conditions sont de l'essence du prêt à usage.

Il faut: 1o *Qu'une chose soit livrée*. Faut-il conclure de là que le prêt à usage est un contrat réel? Il l'est en ce sens, que les obligations qui lui sont propres ne peuvent pas se former sans la tradition d'une chose. Mais il faut remarquer que la convention produit immédiatement son effet: celui qui a reçu la promesse, peut contraindre le compromettant à l'exécuter, aussitôt qu'il y a eu consentement des parties, le pacte a été obligatoire, le contrat a été parfait. D'ailleurs, il n'est pas nécessaire que la tradition soit *réelle*, elle peut avoir lieu par le seul consentement des parties.

Pour que le contrat soit valable, il n'est pas nécessaire que le prêteur soit propriétaire. Le possesseur peut prêter la chose qu'il possède, le voleur même la chose qu'il a volée. L'obligation de l'emprunteur vis à vis du prêteur naît, non pas de ce que le prêteur est ou n'est pas propriétaire, mais de ce qu'il a reçu la chose à titre de prêt.

Quand le prêt a été fait à des mineurs, des interdits, des femmes mariées non autorisées, ils peuvent être forcés à [restituer avant le terme convenu la chose prêtée, et s'ils la laissent périr par leur négligence, ils ne sont tenus d'aucun dommage et intérêt, pourvu cependant qu'il n'y ait aucun dol de leur part. Ils ne peuvent être poursuivis que *quatenus locupletiores facti sunt;* nul en effet ne doit s'enrichir au détriment d'autrui. Mais si le prêt a été consenti par eux, ils peuvent réclamer la chose avant l'époque fixée, car ils n'ont pu faire un contrat valable, et jusqu'au moment de la restitution, l'emprunteur sera soumis à toutes les obligations qui naissent du commodat.

Quant au mineur émancipé et la femme séparée, les actes d'administration leur étant permis, tout prêt fait par eux, dans la limite de ces actes, doit être maintenu.

2º *Que la chose soit livrée dans le but de procurer à celui qui la reçoit la faculté de s'en servir:* s'il en était autrement, la tradition ne constituérait plus un commodat, mais bien un dépôt, la jouissance de la chose doit être même l'objet principal de ce contrat.

3º *Que l'usage soit accordé gratuitement.*

4º *Que l'emprunteur s'oblige à rendre la chose* in individuo.

C'est la chose même qu'il a reçue que l'emprunteur doit rendre à l'époque fixée par la convention, et après qu'elle a servi à l'usage pour lequel il l'a reçue. Il faut enfin que la chose soit dans le commerce, et de plus que le prêt ait une cause licite et un but légitime.

Les engagements qui se forment par le commodat passent aux héritiers de celui qui prête, et aux héritiers de celui qui emprunte, à moins toutefois, que le prêt ait été fait uniquement en considération de l'emprunteur (1879).

Des engagements de l'emprunteur.

L'emprunteur est tenu de veiller en bon père de famille à la garde et à la conservation de la chose prêtée. (1880).

Le commodataire doit donc porter à la garde de la chose prêtée tous les soins d'un bon père de famille; la loi doit être interprétée contre lui dans toute sa rigueur ; il ne parviendrait pas à se justifier en établissant qu'il y a veillé comme s'il se fût agi de sa propre chose. Les petites négligences que peut se permettre un père de famille, sans cesser d'être un bon administrateur, ne lui sont pas pardonnées. Il répond même de la faute très légère, et bien qu'ordinairement le prêteur supporte la perte arrivée par cas fortuit, l'emprunteur est tenu, s'il a pu garantir la chose prêtée en employant la sienne propre, ou si ne pouvant conserver que l'une des deux, il a préféré la sienne.

Mais que déciderons-nous, si l'emprunteur a laissé une chose de peu de valeur, qui lui avait été prêtée pour sauver la sienne propre qui était bien plus importante? Faudra-t-il décider comme certains auteurs, que la loi ne fait pas de distinction ; ou bien répondre que l'obligation du commodataire est d'apporter à la conservation de la chose prêtée tous les soins d'un bon père de famille : or un bon père de famille n'eût pas agi autrement, il eût sauvé la chose la plus précieuse ; pourquoi donc serait-il puni?

L'emprunteur ne peut employer la chose qu'à l'usage déterminé, soit par la convention, soit, à défaut d'indication expresse, par la nature même de la chose, et de ne s'en servir que pendant le temps expressément ou tacitement convenu.

Si l'emprunteur emploie la chose à un usage autre que celui pour lequel elle était prêtée, et qu'elle vienne à périr par cas fortuit, il sera responsable si la perte arrive par suite de l'inversion de l'usage. De même s'il la retient au-delà du terme convenu, il répondra également des cas fortuits; du moment qu'il ne l'a pas restituée au jour fixé, il se met lui-même en demeure, il pourra même être condamné à payer des dommages-intérêts. Il a reçu un bénéfice, c'est à lui à se montrer d'une exactitude scrupuleuse dans l'accomplissement de ses devoirs.

Le commodataire supportera la perte de la chose prêtée, arrivée même par cas fortuit, à moins de conventions contraires, si elle avait été estimée en la prêtant. L'estimation ne le rend pas propriétaire, le commodat étant entièrement dans l'intérêt de l'emprunteur, la loi a voulu assurer au prêteur, à tout événement, la restitution ou la valeur de la chose prêtée.

L'emprunteur peut, à titre de garantie, retenir la chose pour assurer le paiement des dépenses nécessaires et urgentes qu'il a faites par rapport à elle ; mais il ne peut la retenir en compensation de ce que lui doit le prêteur. Il ne peut rien réclamer pour le paiement des créances étrangères à la chose remise en commodat, car ce serait violer la bonne foi de ce contrat.

Si plusieurs ont emprunté conjointement la même chose, nous dit l'art. 1887, ils sont solidairement responsables envers le débiteur.

Si l'un des emprunteurs meurt laissant plusieurs héritiers, chacun d'eux sera-t-il tenu pour sa part seulement ? Oui, excepté dans deux cas : 1° lorsque la chose est tombée dans un seul lot, l'héritier appelé à recueillir ce lot peut être assigné seul, sauf son recours contre ses cohéritiers (Art. 1221-4°) ; 2° lorsque la chose prêtée a péri par la faute de l'un d'eux, celui-là seul est tenu.

Des engagements du prêteur.

Le prêteur n'est point directement obligé par le contrat de commodat, mais seulement par des événements postérieurs ou par son dol. Il est tenu : 1° de rembourser à l'emprunteur le montant des dépenses extraordinaires, nécessaires et urgentes que celui-ci a été obligé de faire pour la conservation de la chose ; 2° de l'indemniser pour le préjudice qu'il a éprouvé, soit par suite des vices de la chose prêtée, lorsque ces vices

étaient de lui connus et non apparents , soit de l'éviction de la chose ,
lorsqu'il savait , en la livrant , qu'elle appartenait à autrui ; 3º de ne
pas réclamer la chose avant le temps expressément ou tacitement convenu par l'usage. Cependant s'il lui survient un besoin urgent et imprévu de sa chose , il peut obtenir du juge qu'elle lui soit restituée avant
l'expiration du délai fixé (1889).

CHAPITRE II.

Du prêt de consommation ou simple prêt.

Le prêt de consommation est un contrat par lequel l'une des parties
donne gratuitement ou moyennant un prix , une ou plusieurs choses
à l'autre partie, qui s'oblige de rendre à l'époque et au lieu convenu ,
des choses égales en qualité et quantité.

Contrairement au commodat , le prêt de consommation n'est pas essentiellement gratuit. L'emprunteur devient propriétaire de la chose prêtée ,
et c'est cette translation de propriété qui le distingue du commodat , et
de là lui vient le nom de *mutuum , ab eo quod de me tuum fit*.

Nous avons dit que le prêt de consommation transfère la propriété à
l'emprunteur ; il s'ensuit que c'est pour lui que la chose périt , de quelle
manière que cette perte arrive : il est facile de voir aussi que le contrat
ne pourrait pas se former si le prêteur n'était pas propriétaire. Ce dernier peut , cependant, effacer le vice du contrat en ratifiant ce qui a été
fait.

Le prêt de consommation étant un acte d'aliénation pour celui qui
prête , il ne peut émaner que d'une personne capable d'aliéner. Donc ,
le prêt fait par un mineur non émancipé , un interdit, une femme mariée non autorisée , ne sera pas valable, mais eux seuls peuvent se prévaloir de la nullité du contrat , qui conserve tous ses effets contre l'emprunteur.

Des obligations du prêteur.

Les obligations du prêteur, comme dans le commodat, reposent sur des principes d'équité et de bonne foi. Il existe pourtant certaines différences. Ainsi, dans le prêt à usage, le prêteur peut demander la restitution de la chose avant le terme convenu, en justifiant qu'il lui est survenu un besoin pressant et imprévu de sa chose, tandis que dans le prêt de consommation il ne jouit pas de cet avantage. Pourquoi cette différence? Dans le prêt à usage, le prêteur est toujours resté propriétaire ; au contraire dans le prêt de consommation, la propriété de la chose prêtée est passée à l'emprunteur ; le prêteur n'est donc plus qu'un simple créancier et n'aura d'action qu'à l'échéance du terme, époque à laquelle naîtra son droit.

Si aucun terme n'a été stipulé pour la restitution, le prêteur peut la demander quand bon lui semble ; cependant le juge peut accorder à l'emprunteur un délai plus ou moins long, suivant les circonstances : ce délai peut même lui être accordé après l'expiration du terme convenu, conformément à l'art. 1244 ; mais s'il vient à tomber en faillite ou en déconfiture, s'il diminue les sûretés ou les supprime, il ne peut se prévaloir de ce terme.

S'il a été convenu que l'emprunteur paierait quand il pourra, ou quand il en aura les moyens, le juge fixera l'époque de la restitution, suivant les circonstances (1901).

Des engagements de l'emprunteur.

La principale obligation de l'emprunteur est de restituer en même quantité et qualité, au lieu et à l'époque fixés, les choses prêtées. Mais dans quel lieu doit se faire le paiement? Le Code ne s'explique pas à ce sujet d'une manière positive. Le lieu a-t-il été désigné? Il faut se conformer au contrat. A défaut de convention, le prêt a-t-il pour objet une somme d'argent, le paiement doit se faire au domicile de l'emprunteur. Mais si ce sont des choses fongibles d'une autre nature, Pothier décide que l'emprunteur est tenu de les rendre dans les lieux où il les a reçues, parce que leur valeur varie suivant les localités. Si l'emprunteur est dans l'impossibilité de rendre des choses de même genre ou même quantité et qualité, il doit en payer la valeur, en égard, dit le Code, au temps et au lieu où la chose devait être rendue, d'après la convention. Si ce temps et ce lieu n'ont pas été réglés, le paiement se fait au prix que les choses prêtées valaient au temps et au lieu du prêt.

Nous voyons qu'aux termes de l'art. 1904, que si l'emprunteur ne rend pas les choses prêtées ou leur valeur au terme convenu, il doit l'intérêt du jour de la demande en justice. Il ne faudrait pas croire, d'après la rédaction de cet article, que l'obligation originaire de l'emprunteur se convertit nécessairement en une obligation de payer une somme d'argent, on peut le contraindre à restituer, si cela est possible, des choses de même nature, valeur et bonté que celles qu'il a reçues.

Du prêt à intérêt.

Loi du 5 septembre 1807 et du 19 décembre 1850, art. 1er.

Le prêt à intérêt est le prêt de consommation, dans lequel le prêteur stipule un dédommagement pour la privation momentanée de sa chose. L'intérêt est donc tout ce que le prêteur reçoit au delà de la somme ou de la chose prêtée.

L'argent étant une chose stérile, on a prétendu qu'il était inique de demander des intérêts pour un prêt en argent. Mais l'argent ayant une valeur de convention et donnant la faculté à l'homme de se procurer tous les objets nécessaires à la vie, celui qui prête une somme se prive de tous les objets qu'il aurait pu acheter et de tous les bénéfices qu'il aurait pu faire.

La législation française a essayé à diverses époques, tantôt en défendant toute stipulation d'intérêt en matière de prêt, tantôt en permettant aux parties de fixer elles-mêmes le taux de l'intérêt, tantôt en déterminant le maximum que ce taux ne pourra dépasser, de mettre un frein à la rapacité des usuriers. Mais les lois sont encore restées impuissantes pour réprimer ces hommes sans conscience, qui ne craignent pas d'abuser des circonstances malheureuses qui obligent tant d'emprunteurs de tomber dans leurs mains.

La loi du 3 septembre 1807 n'a pas exigé comme l'art. 1907 que l'intérêt fût fixé par écrit. Les auteurs de cet article avaient cru intimider les usuriers et arrêter leur cupidité en imposant aux prêteurs la nécessité de constater par écrit les intérêts qu'ils stipulaient. Mais les motifs qui avaient rendu nécessaire cette condition n'existent plus, du moment que la loi autorise le prêt à intérêts, laissant aux parties la liberté d'en fixer le taux, toutes les fois que la loi ne le prohibe point. L'intérêt conventionnel ne pourra pourtant dépasser 5 pour 100 en matière civile, et 6 pour 100 en matière commerciale. Il suit aussi de là que le taux de l'intérêt peut aujourd'hui être établi par témoins, dans le cas où cette preuve est admise, et dans tous les cas au moyen du serment ou par l'aveu du débiteur.

Aux termes de l'art. 1906, l'emprunteur qui a payé des intérêts qui n'étaient pas stipulés, ne peut ni les répéter ni les imputer sur le capital. La loi présume qu'il n'a payé que pour satisfaire à une obligation naturelle dont il a reconnu la légitimité. Si cependant le paiement volontaire avait été fait par erreur, la répétition aurait lieu si le débiteur parvenait à établir que c'est par erreur qu'il a payé des intérêts.

La loi du 19 décembre 1850, dans son art. Ier, déclare cependant, que l'imputation des intérêts payés aura lieu de plein droit sur les intérêts légaux échus, et subsidiairement sur le capital de la créance, lorsque dans une instance civile ou commerciale il sera prouvé que le prêt conventionnel a été fait à un taux supérieur à celui fixé par la loi. Elle déclare encore que si la créance est éteinte en capital et intérêts, le prêteur sera condamné à restituer ce qu'il aura indûment perçu avec intérêt à partir du jour du paiement; et sous peine d'une amende qui ne pourra être moindre de 16 fr. ni excéder 100 fr. Le greffier est tenu, dans le délai d'un mois, de faire parvenir au ministère public copie de tous jugements civils ou commerciaux, constatant un des faits dont nous venons de parler.

La quittance du capital, donnée sans réserve des intérêts, en fait présumer le paiement; la preuve contraire n'est pas reçue contre cette présomption, puisque d'après l'art. 1908, elle libère le débiteur.

POSITIONS.

A qui appartient l'action personnelle née du prêt? Au prêteur ou au propriétaire ? — Au prêteur.

Dans le prêt de consommation s'il a été fait à *non domino*, est il valable? — Non.

Lorsque plusieurs personnes ont emprunté la même chose, sont-elles solidairement responsables ? — Oui.

Procédure Civile.

La Conciliation.

En obligeant les plaideurs, avant d'entrer dans la lice judiciaire, à comparaître devant un magistrat chargé de les amener, par des concessions mutuelles, à une transaction, les auteurs du Code de Procédure ont fait preuve d'une grande sagesse et d'une grande prudence. Souvent, en effet, les parties, animées par la haine, aveuglées par la colère, intentent des procès qui compromettraient leur position et l'avenir de leurs familles, si le législateur ne les avait pas obligées à se présenter devant un homme prudent et éclairé, qui, par ses conseils et son expérience, arrête ces procès innombrables qui tous les jours désolent la société. C'est la plus belle mission du juge de paix, et l'obligation de la conciliation, si elle était bien comprise, produirait d'excellents résultats; mais malheureusement cette institution, qui pourrait être si utile, n'est dans la pratique qu'une simple formalité.

La loi du 16-24 août 1790, qui la première réalisa en France cette heureuse idée, avait soumis les parties à l'épreuve de la conciliation

3

dans toutes sortes d'affaires , soit en première instance, soit même en appel ; mais les auteurs du Code de Procédure , guidés par l'expérience, n'ont pas exigé l'essai de la conciliation dans les cas où elle est impossible , et toutes les fois qu'elle causerait un retard préjudiciable. Tel est le principe ; examinons donc quelles sont les affaires soumises à la conciliation.

§ 1.

Des affaires soumises aux préliminaires de la conciliation.

L'essai de la conciliation n'est jamais exigé que pour les affaires qui doivent être portées devant les tribunaux d'arrondissement , jugeant en premier ressort et en matière civile , encore même y en a-t-il un grand nombre affranchis par la loi des préliminaires de la conciliation.

Nous avons dit que la conciliation avait principalement pour but d'amener les parties à une transaction ; il est donc inutile de l'imposer à celles qui sont incapables de transiger , ou lorsqu'il est peu probable, vu leur nombre , qu'elles ne puissent tomber d'accord. Quant à la dispense fondée sur l'incapacité, nous ne devons pas voir dans le 1º de l'article 43 une restriction au principe posé par l'art. 48 , et nous étendrons sa disposition aux incapables dont le texte ne parle pas : la femme mariée , le mineur émancipé et le prodigue.

Le demandeur pourra aussi assigner directement devant le tribual de première instance , lorsque la demande sera formée contre plus de deux parties, encore qu'elles aient le même intérêt ; il en sera ainsi non-seulement dans le cas où un créancier poursuivrait trois débiteurs solidaires ou conjoints, ou trois héritiers de son débiteur , mais encore lorsque l'action sera dirigée contre plus de deux personnes unies entr'elles par un lien de société.

La seconde cause de dispense est relative à l'objet de la demande. Les matières sur lesquelles on ne peut transiger et que l'art. 1004 nous indique , ne seront pas soumises aux préliminaires de la conciliation.

Il en est de même des demandes qui requièrent célérité, comme les matières de commerce et celles énoncées dans le 5° de l'art. 49.

La conciliation n'est obligatoire, d'après l'art. 48, que pour les demandes principales en introduction d'instance. Nous devons en conclure que toutes les demandes qui ne réuniront pas ce double caractère en seront dispensées. Il est, en effet, difficile d'admettre que les parties qui n'ont pu s'entendre sur le fond du procès, puissent s'accorder sur un incident qui vient compliquer le débat.

L'art. 49 excepte encore dans son 3° les demandes en intervention et en garantie. Faut-il regarder cette disposition comme une simple application de l'art. 48, ou bien y voir une nouvelle exception à la nécessité de la conciliation et dire que ces demandes en sont affranchies, lors même qu'elles seraient formées quand l'instance originaire est terminée ? L'art. 49 ne fait pas de distinction, nous ne pouvons donc admettre une opinion contraire, *joint à cela que la personne qui a déjà subi une condamnation doit être peu disposée à transiger avec celui qu'elle prétend en devoir supporter tous le poids.* (Rodière, p. 240).

L'art. 49 excepte encore, dans son 3°, les demandes en vérification d'écriture, en désaveu, en réglements de juges, en renvoi, en prise à partie, les demandes contre un tiers saisi, et en général sur toutes les saisies, sur les offres réelles, sur la remise des titres, sur leur communication, sur la séparation de biens, sur les tutelles et curatelles, et enfin sur toutes les causes exceptées par la loi.

§ II. — *Devant quel magistrat la conciliation doit-elle être portée?*

En matière personnelle et réelle, le défendeur sera cité devant le juge de paix de son domicile (art. 50). Le législateur s'est écarté ici du principe qui, en matière réelle, attribue compétence au juge de la situation de l'objet litigieux, parce qu'il a cru que le juge du domicile du défendeur est celui qui doit avoir plus d'influence sur son esprit, et qui peut l'amener plus facilement à une transaction. S'il y a deux défendeurs, ils seront cités devant le juge de l'un deux, au choix du demandeur.

En matière de sociétés autres que celles de commerce, tant qu'elles existent, la conciliation doit être tentée devant le juge de paix du lieu où elles sont établies, si elles ne sont composées que de deux personnes, car si elles en comprenaient un plus grand nombre, il faudrait appliquer le 6° de l'art. 49. Pour les demandes concernant une société dissoute, on n'a plus d'égard au lieu où elle était établie ; il faut citer en conciliation devant le juge de paix du défendeur. Si on ne connaît pas le siége de la société, le demandeur peut citer à son choix devant le juge de l'un des défendeurs.

En matière de succession ce sera le juge de paix du lieu où la succession est ouverte qui sera compétent pour statuer : sur les demandes entre héritiers, jusqu'au partage inclusivement, sur les demandes qui seront intentées par les créanciers du défunt avant le partage, sur les demandes relatives à l'exécution des dispositions à cause de mort jusqu'au jugement définitif.

La compétence du juge de paix sera d'ailleurs couverte par la comparution du défendeur, à moins qu'il ne se présente précisément pour opposer cette nullité.

Des délais et formes de la citation en conciliation et de la comparution des parties.

Le délai de la citation sera de trois jours au moins (art. 51). La loi a augmenté de deux jours le délai de la citation ordinaire à cause de l'importance des affaires soumises aux préliminaires de la conciliation.

La citation sera donnée par un huissier de la justice de paix du défendeur (art. 52). Toutes les règles de la citation à l'effet de plaider devant le juge de paix sont applicables à la citation en conciliation. Il suffira d'énoncer sommairement l'objet de la demande, l'indication des moyens n'est pas exigée.

Les parties devraient comparaître en personne, mais la loi leur ayant permis de se faire représenter en cas d'empêchement par un fondé de pouvoir, cette faculté exceptionnelle est dégénérée en abus, et les parties se font souvent représenter, sans aucune justification d'empêchement, par des mandataires qui n'ont pas même pouvoir de transiger.

Lors de la comparution, le demandeur pourra expliquer, même augmenter sa demande ; mais il ne pourra en former de nouvelles sur lesquelles le défendeur n'aurait pas eu le temps de se préparer. Le défendeur au contraire peut, d'après l'art. 54, former toutes celles qu'il jugera à propos, cependant quelle que soit la latitude que le texte de cet article semble lui accorder, il nous semble que sa demande ne doit être reçue que si elle se rattache à celle qui a fait l'objet de la citation.

§ IV.

De la conciliation, non-conciliation, ou non-comparution.

Le juge de paix est un simple médiateur : il n'a à l'égard des parties aucune force coërcitive, et ne peut user que de l'autorité morale qu'il peut avoir sur elles pour les amener à réaliser le vœu de la loi. Si les parties viennent à s'entendre, il dressera un procès-verbal contenant les conditions de leur arrangement. Ce procès-verbal n'aura pas, comme les actes ordinaires des officiers publics, force exécutoire, et il ne pourra conférer ni l'hypothèque conventionnelle, ni l'hypothèque judiciaire, mais il n'en restera pas moins un acte authentique faisant foi jusqu'à inscription de faux.

Dans le cas de non-conciliation, le juge de paix doit sommairement énoncer que les parties n'ont pu s'accorder, sans faire aucune mention de leurs dires et aveux, comme l'exigeait la loi du 16-24 août 1790 abrogée par l'art. 54 du Cod. Proc.

Si le serment est déféré à l'une des parties, et que celle-ci consente à le prêter, le juge de paix devra le recevoir, et par là même la contestation est terminée. Mais si la partie refuse, le juge doit se borner à constater ce fait, n'ayant nul pouvoir pour prononcer aucune condamnation, sauf au tribunal à apprécier cette circonstance (art. 55).

En cas de non comparution de l'une des parties , il en sera fait mention sur le registre du greffe de la justice de paix , et sur l'original ou la copie de la citation , sans qu'il soit nécessaire de dresser procès-verbal (art. 58.) Celui qui fait défaut est considéré par la loi comme refusant de se concilier; aussi le punit-elle (art. 56) d'une amende de 10 francs , et toute audience doit lui être refusée jusqu'à ce qu'il ait justifié de la quittance.

La citation, aux termes de l'art. 57, a pour effet d'interrompre la prescription, et de faire courir les intérêts , pourvu que la demande soit formée dans le mois à dater du jour de la non-comparution ou de la non-conciliation. Ce n'est que sous le rapport de la prescription et des intérêts que la citation est réputée non avenue , si on laisse écouler plus d'un mois sans saisir le tribunal : quant à la dispense d'un nouvel essai de conciliation , qui est aussi une des conséquences de la citation , elle durera pendant trente ans.

Nous devons dire, en terminant, que d'après la jurisprudence actuelle, l'omission de la citation en conciliation n'entraîne pas de plein droit la nullité de la procédure commencée devant le tribunal d'arrondissement , et qu'elle est couverte lorsqu'elle n'est pas invoquée dès le début de l'instance.

POSITIONS.

Les demandes qui intéressent les absents sont-elles dispensées de l'essai de la conciliation ? — Oui.

Si le défendeur cité en conciliation devant un juge de paix incompétent, se présente devant ce juge, sans opposer cette incompétence, l'essai de la conciliation sera-t-il régulièrement tenté ? — Oui.

Droit Criminel.

INSTRUCTION CRIMINELLE.

Des cas dans lesquels les infractions commises sur le territoire d'une nation étrangère peuvent être poursuivies et punies en France.

Il n'est jamais permis à un membre d'une société d'en troubler l'ordre et de violer impunément les lois. Aussi a-t-il fallu établir des peines pour assurer, par la crainte du châtiment, l'exécution de ces lois et empêcher par l'exemple le renouvellement des mêmes délits, des mêmes crimes.

Nos lois de police et de sûreté obligent tous ceux qui habitent le territoire de la France, ne faisant aucune différence entre étrangers ou Français, elles sont essentiellement territoriales, et là où expirent nos frontières, là doit s'arrêter l'action de nos lois pénales. Cependant par la loi du 28 mai 1836 et en vertu d'un traité diplomatique, le gouvernement français a le droit de punir, selon notre législation, les crimes et délits commis par des Français dans les échelles du Levant et de Barbarie. Dans tous autres pays , à moins qu'il ne soit survenu entre eux et la France des traités diplomatiques , les lois françaises n'y ont aucune action pour punir les crimes qui y sont commis.

Il existe des attentats qui, quoique commis en pays étranger , peuvent être punis en France selon les lois françaises, et indépendamment de tous traités diplomatiques , car ils attaquent la sûreté de tous les Etats, qui doivent, dans leur intérêt commun, en provoquer les poursuites. C'est là une compétence exceptionnelle attribuée aux tribunaux Français et qui ne doit s'appliquer qu'aux cas expressément déterminés par les art. 5, 6, 7 Cod. Instr. Crim., et encore les poursuites sont facultatives.

D'après l'art. 11 du Code du 3 brumaire an VI , tout Français qui aurait commis hors du territoire de France un fait frappé d'une peine afflictive ou infamante , devait être poursuivi et jugé en France , s'il venait à être arrêté. Mais le Code de 1808 a conservé le principe qu'il n'appartient qu'au souverain sur le territoire duquel un crime a été commis d'en poursuivre et faire punir les auteurs.

Examinons maintenant les art. 5, 6, 7 du Cod. d'Inst. Crim.

Art. 5. «Tout Français qui se sera rendu coupable, hors du territoire de France, d'un crime attentatoire à la sûreté de l'Etat , de contrefaçon du sceau de l'Etat , de monnaie nationale ayant cours, de papiers nationaux , de billets de banque autorisés par loi , pourra être poursuivi, jugé et puni en France d'après les dispositions des lois françaises. »

Cet article est relatif à des crimes qui compromettent l'existence de la nation ; aussi, quoique commis hors du territoire, nos tribunaux ont le droit de les poursuivre. La loi du 11 brumaire voulait que le Français fût arrêté en France; on ne pouvait ainsi valablement procéder contre lui par contumace ou en obtenir l'extradition ; mais aujourd'hui, le seul fait de la perpétration sur une terre étrangère des crimes ci-dessus énoncés, donne lieu aux peines prononcées contre ces crimes Dès lors , l'extradition peut être demandée et le gouvernement étranger est juge de cette demande: c'est à lui de voir s'il doit ou non livrer le prévenu , c'est-à-dire s'il est coupable ou innocent. Quoique l'extradition soit refusée, la poursuite criminelle peut toujours avoir lieu par contumace et produire les effets de l'art. 165 et suivants du Cod. Inst. Crim.

Tous les faits qui constituent des crimes contre la chose publique ne sont pas toujours attentatoires à la sûreté de l'Etat, et par conséquent il ne faut pas leur appliquer l'art. 5. Cet article énumère quels sont les crimes contre la chose publique qui doivent être poursuivis comme les crimes attentatoires à la sûreté de l'Etat, énumérés dans le liv. III, chap. 1er. section de I à II Cod. P.

Art. 6. « Cette disposition pourra être étendue aux étrangers qui, auteurs ou complices des mêmes crimes, seront arrêtés en France et dont le gouvernement obtiendrait l'extradition. »

Le même motif, le même besoin, la même protection que le législateur veut accorder au corps social attaqué, permettent d'étendre à l'étranger coupable ou complice de crime, les dispositions de l'art. 5, mais avec certaines restrictions; il faut que son arrestation ait lieu en France ou qu'elle ait été la suite d'une extradition, on ne pourrait donc pas le juger par contumace. Cet article dit : *La même disposition pourra être étendue, etc.* Dès-lors les officiers de la police judiciaire ne sont pas forcés de poursuivre l'étranger trouvé ou arrêté en France.

Art. 7. « Tout Français qui se sera rendu coupable, hors du territoire du royaume, d'un crime contre un Français, pourra, à son retour en France, y être poursuivi et jugé, s'il n'a pas été poursuvi et jugé en pays étranger, et si le Français outragé rend plainte contre lui. »

Dans cet article, il s'agit de crimes purement privés, commis hors des frontières françaises, et échappant à ce titre à la juridiction ordinaire de nos tribunaux. La loi semble ici s'écarter du principe de la territorialité des lois pénales françaises ; mais cette digression n'est qu'apparente. Pour que les tribunaux français soient compétents, il faut que le crime ait été commis par un *Français sur un Français et qu'il n'ait pas été jugé ni puni par les tribunaux étrangers.* Condamné ou acquitté, peu importe, dès le moment que le prévenu a été jugé à l'étranger et pour ce même crime, les tribunaux français sont incompétens.

Mais si après avoir été jugé et condamné en pays étranger, il se réfugie en France pour échapper à la peine, pourra-t-il être poursuivi par nos tribunaux ? Non ; car il a été jugé à l'étranger, et ce jugement ne peut recevoir son exécution en France. S'il s'agit de réparations civiles accordées au Français lésé par les tribunaux étrangers, ce jugement pourra être rendu exécutoire en France.

Il faut, en second lieu, que le *Français soit de retour en France ;* comment le poursuivrait-on, en effet, s'il continuait de résider en pays étranger ? Quant aux Français chargés à l'étranger d'une mission de leur gouvernement, ou investis d'un caractère représentatif, ils ne sont justiciables que des tribunaux Français, à raison des délits ou crimes qu'ils commettent à l'étranger, et ils doivent être jugés suivant les lois françaises ; tant que durent leurs fonctions, ils sont censés présents en France.

Il faut enfin, en dernier lieu, que le *Français offensé ait porté plainte contre lui.* Quand le ministère public a commencé des poursuites, si l'offensé vient retirer sa plainte, les poursuites doivent-elles être arrêtées ? Sur ce point les opinions sont aussi divisées ; cependant, le magistrat du ministère public agira sagement en s'arrêtant, surtout si le plaignant offre de payer les frais avancés par l'Etat. S'il juge à propos, cependant, de continuer les poursuites, comme il n'agit jamais dans un intérêt privé, mais bien dans l'intérêt de la société, et qu'il ne faut pas qu'un désistement obtenu quelquefois à prix d'argent ait pour résultat de faire rendre la liberté à un voleur audacieux ou à un homme couvert de sang, dès l'instant que la plainte exigée par la loi l'aura mis en droit de commencer des poursuites, il ne convient pas que la partie lésée, suivant son caprice, puisse arrêter le cours de la justice.

Ces conditions de l'art. 7 ne sont exigées que quand il s'agit de l'action publique. Mais pour l'action civile, nous rentrons dans le droit commun ; elle pourra toujours être intentée, que l'auteur du fait soit ou non de retour en France, qu'il ait été ou non poursuivi criminellement par les tribunaux étrangers. Doit-on étendre cet article aux délits commis à l'étranger par des Français contre des Français ? Non, car je crois que le Code n'a pas voulu que l'exception à un principe de juridiction portât sur des faits sans gravité.

Enfin, les tribunaux français doivent se déclarer compétents pour juger les crimes ou délits commencés sur le territoire français, ou qui s'y sont prolongés, d'après ce principe que la nation a le droit de punir toute action coupable commise dans son sein, peu importe qu'elle ait commencé à l'étranger, car la perpétration est inséparablement liée au projet.

POSITIONS.

Quand le ministère public a commencé des poursuites, l'auteur de la plainte peut-il les arrêter en se désistant ? — Non.

Cette Thèse sera soutenue, en séance publique, dans une des salles de la Faculté, le 8 août 1859.

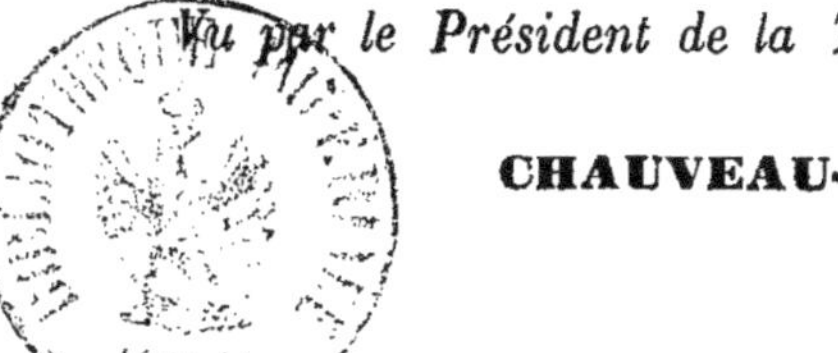

Vu par le Président de la Thèse,

CHAUVEAU-ADOLPHE.

Toulouse, Imprimerie Troyes Ouvriers Réunis rue Saint-Pantaléon, 5